뒤돌아 앉은 산

A Collection of Poems

The Mountain Sitting on its Back Side

by
Tae Shik Hyun

Copyright © 2013 by Tae Shik Hyun
Published by YoungMoon Publishing Company
Printed in the Seoul, Korea

영문 詩選

뒤돌아 앉은 산

현태식 詩集

도서출판 영문

추천의 글

신병옥 목사
(로스펠리즈교회 담임. Hollywood 관아재에서)

　감히 시에 대해서 말할 때 저는 시를 쓰는 사람은 자신의 깊은 내면의 진실을 성스러운 제단에 고백하는 사람들이라고 말합니다. 또 감히 시에 대해서 말할 때, 저는 시를 쓰는 사람은 영혼의 자유함이 있는 사람들이라고 말합니다.

　이는 그렇지 못한 부족한 자신에 대한 고백이기도 하며 귀한 인생과 영혼의 시편을 묶어 내어놓는 현태식 시인에 대한 부러움이기도 합니다. 그분은 언제나 자신의 인생 후반부에 지칠 줄 모르는 열정으로 자신의 삶의 고백을 겸손히 묶어 성스러운 제단에 드리고 있기 때문입니다.

저는 현태식 시인의 시를 겸손히 읽고 또 다시 자세를 고쳐 읽어 보았습니다. 그분의 시를 시편과 같이 묵상하며 읽다보니 저절로 그분을 이렇게 표현하게 되었습니다. 자연의 시인. 사미인곡의 시인, 영혼의 시인입니다.

첫째, 자연의 시인입니다. 그의 시를 읽노라면 한번도 가본 적이 없는 그분의 추억 가득한 그리운 고향의 꽃 그늘을 서성거리게 됩니다. 풀 섶, 잎 새, 산 노루, 산새, 구절초, 망울꽃, 국화꽃, 백합꽃, 아카시아, 살구, 산딸기, 들길, 산길, 한적한 포구에서 그분의 마음을 만나게 됩니다.

둘째, 사미인곡의 시인입니다. 잊을 수 없는 어머님, 민족의 처절한 전쟁의 포화 속에서 죽음으로 이별하게 된 어머님을 그리워 부르는 사미인곡의 시인입니다. 그분의 시에는 '님'이 자주 등장합니다. 그 '님'은 그리운 어머니이기도 하고, 신앙의 길에서 동행하시는 하나님이기도 합니다. 이러한 사모하는 마음속의 '님'은 그분의 시에서 사미인곡으로 계속 불리고 있습니다.

셋째, 영혼의 시입니다. '더내미 인생'이라는 시에서 그는 고백합니다. "십자가에 기댄 채 / 영혼 드릴 있는 나그네 / 더내미 인생 / 하늘에 감사하며." 자신이 영혼의 나그네임을 직시하고 하늘 길에서 시선을 떼지 않고 있음을 고백 하고 있습니다. 그래서 인생후반부에도 담담하게 시를 써 내려가고 있는 것입니다.

  깊이 묵상하고 삶의 내면을 더듬어 가는 것을 신통치 않게 생각하는 오늘의 시대에 현태식 시인의 시가 메아리처럼 긴 여운으로 계속 울려 퍼지기를 원합니다. 그리하여 다시 들길, 산길, 한적한 포구에서 언뜻 언뜻 그리운 마음의 사람들을 시인과 같이 저도 만날 수 있기를 소망해 봅니다.

격려의 글

이인미 시인
LA 문화선교원 〈시전〉 대표

　연륜이 들어가면서 무엇이 큰 관심인가에 따라 생의 마무리가 아름다울 수도 천박할 수 있는 것 같다. 유익한 생산에 가치가 부여되는 세상에 살면서 순수한 비움과 맑은 영혼으로야 써 내려 갈수 있는 시, 돈이 되지 않아 더욱 가치 있고 매력을 더하는 시가 아닌가, 시는 또한 까다로워 누굴 미워하거나 원망하거나, 작은 석연치 않은 관계로 마음이 쓰여도 이내 낯가림을 하며 숨어 버린다. 시인의 영혼은 맑고 투명해야 한다. 세상 탁류에 합류할 수도 없다. 시인이 된다는 것은 무공해 인간이 되는 것, 늘 영혼의 오선지를 보며 정한 피리소리를 낼 줄 아는 언어의 연주자요. 진과 선을 아름다움으로 귀결할 줄 아는 미의 창조자다.

애초 에덴에서의 사람의 일은 만물에게 이름을 주는 일이었다. 이름을 지어준다는 것은 통치권세가 있음을 나타내며 존재를 규명할 줄 아는 지혜다. 시인은 이름 없는 풀꽃에게 이름을 지어주고 삶의 작은 순간에도 입김을 불어넣어주는 자다. 비록 그 사랑이 서툴고 어줍더라도 이 일을 계속 하는 것이다. 시인의 길을 간다는 것은 얼마나 큰 축복인가? 얼마나 천국의 일과 닮았는가, 더구나 생명시인이신 주님을 따라 가며 그 분을 시로써 찬양하는 일이란 얼마나 영광된 일인가?

주홍빛 석류꽃이 예뻐 시와 연애에 빠진 노년은 분명 아름답다. 동인모임을 위해 늘 녹색 식탁보를 단정히 깔아놓고 기다리시는 분, 겨울에는 히터로 여름엔 에어컨으로 세심한 배려를 기울이며 밤새 삼삼하게 눈에서 떠나지 않아 쓰고 또 쓰신 석류꽃과의 연애편지를 보여주신다. 이민자로서 미국레스토랑을 운영하는 등 왕성했던 사업이야기를 하실 때보다 팜트리나무가 흔들릴 때 함께 흔들리며 시와 빠진 연애이야기를 토로하는 눈빛이 더욱 빛난다.

여린 새순과도 같은 시심을 선물 받은 현태식 시인님, 이제 첫 시집을 세상에 내 놓으며 인생후반 다른 많은 관심사도 있으련만 그의 시인으로서의 길은 분명 축복받은 삶이다. 어쩌면 귀환회로 그 종착역은 동심의 나라이기에, 한 생애 어른의 몫을 살아내시다 이제 맑은 언어의 하모니카, 그 시향을 통해 그리스도의 복음의 향기를 연주하시는 복된 나날이 되시길 기원하는 바이다.

시인의 말

봄 눈 녹아 뾰족이
한 생명 움트고
찬 서리 내려 가을 길에 쌓이고
마지막 잎 새 떨어져 눈 속에 잠들어
내일을 기다리는
생과 삶의 고뇌를 생각지 못했던
팔순 가까운 삶 속에
주님 주신 말씀 묵상하며
받은 씨앗으로 이 시집을 만들었습니다.

주신 씨앗 몇 알갱이 작은 마음 밭에 뿌려
살아있는 기쁨과
살아있어 고뇌하며
살아있어 감사하며
눈시울 적셨던 삶을 그렸습니다.

하늘나라에 본향을 두고 순응하며 여러분들과 마음을 같이할 수 있는 글을 쓰도록 하겠습니다.

먼저 이 시집을 만들게 허락하신 주님께 영광을 드리고 부족한 글 격려 하여주신 시전 동인 여러분과 신병옥 목사님 (로스펠리즈교회. 담임)과 시집이 되도록 인도하여 주신 이인미 전도사님(시인. 시전 대표)과 백승철 목사님(시인. 에피포도예술인협회 대표)에게 감사를 드립니다.

Hollywood, Los Angeles, California
현태식

차례

추천의 글 ······ 신병옥 / 5
격려의 글 ······ 이인미 / 8
시인의 말 ······ 현태식 / 11
작품해설 ······ 백승철 • 그리움 속에서 빚는 본질로의 귀향 / 147

제1부 오면서 가는 봄날

가을 길 ······ 21
가을 문턱 ······ 22
가을 포구 ······ 23
가을이외다 ······ 24
가을 빗방울 ······ 25
가을 향기 ······ 26
국화 ······ 28
님찾는 가을길 ······ 29
단풍잎 ······ 31
들국몽어리 ······ 33
민들레 ······ 35

버들강아지 …… 37
봄 나들이 …… 38
봄 길에 고운님 세워놓고 …… 40
봄이 오는 소리 …… 42
사월의 빗방울 …… 43
오월의 하늘아비 …… 44
오면서 가는 봄날 …… 45
오월의 석양 …… 46
오월의 향기 …… 47

제2부 / 흰머리 갈대

노을 …… 51
들깨꽃 …… 53
들꽃상주 …… 54
백향목 향기 …… 55
살구꽃 …… 56
석류꽃 …… 57
젊은 할미꽃 …… 58
떡갈나무 …… 59
사막길 선인장 …… 60
산오리 나무 …… 61
산머루 익는 …… 62
아카시아 꽃 …… 63
팜트리 가족 …… 64

한 나무의 삶 …… 66
한 송이 목련 …… 68
환희 …… 69
흰머리 갈대 …… 70

제3부 더내미 인생

고향 길 …… 75
고운 꿈 섭리 …… 76
고집스런 삶의 향기 …… 77
기다린 유월 …… 78
대나무 …… 79
더내미 인생 …… 81
떡 만둣국 …… 82
별들의 이야기 …… 84
사랑아 감사야 용서야 …… 86
산 까치 …… 88
산울림 님의 소리 …… 89
우리 …… 90
지평선 …… 92
길 …… 93
이봄을 당신께 드렸음 해서 …… 94
해변의 여인 …… 95

제4부 / 그리움

그리움 …… 99
길손 …… 100
꿈길 …… 101
나그네 …… 102
천국을 본다 …… 103
삶의 굴레 …… 104
삶의 본향 …… 105
새날 …… 106
어머니 모습 1 …… 107
어머니 모습 2 …… 108
어머니 모습 3 …… 110
접동이 우는 고향 …… 111
너를 부르는 소리 …… 113
마지막 날에 …… 114
빗방울 그림자 …… 115
오실님 기다리는 …… 116
한줌의 생각 …… 118

제5부 / 하늘문 여시고 이곳을 바라보소서

내일의 은혜 …… 123
복음의 가을 씨앗 …… 125
부활의 십자가 …… 127
십자가 사랑 1 …… 129
십자가 사랑 2 …… 130
십자가 사랑 3 …… 131
십자가의 참 사랑 …… 132
에부라다 작은 마구간 …… 134
이 가을에 드린 기도 …… 136
하늘 길 …… 137
하늘나라 찾을 때 …… 138
하늘 문을 여시고 이곳을 바라보소서 …… 140
감사 …… 142

● **작품해설** • 백승철 • 그리움 속에서 빚는 본질로의 귀향

1부
오면서 가는 봄날

가을 길
가을 문턱
가을 포구
가을이외다
가을 빗방울
가을 향기
국화
님찾는 가을 길
단풍잎
들국몽어리
민들레
버들강아지
봄 나들이
봄 길에 고운님 세워놓고
봄이 오는 소리
사월의 빗방울
오월의 하늘아비
오면서 가는 봄날
오월의 석양
오월의 향기

가을 길

사랑 보다 뜨거운
가을 꽃 웃음소리
고운 색 물감 들어
좁은 산길 돌아 가을 길에 뿌려지고

산 노루 맑은 눈 호수에
꽃잎 향기 내려앉아
소슬 바람
가을 길에 서성이면

뒤돌아 앉은 산
가슴에 안고
고왔던 옛 님 모습
길 섶 풀에 묻을 때
애틋했던 옛정
눈가에 담깁니다

가을 문턱

강낭콩 꽃 제 빛을 잃은 채
가을 문턱 다가와

옷깃세운 여인네 옷자락
짙은 가을 빛 물들이고

고뇌의 멍에 무겁게 진 산길에
누구하나 말릴 사람 없는

욕심 없이 아무데나 버리고 싶은
힘든 삶의 죄인 된 마음

소슬바람 밀려와
산머루 익는 외로운 가을
가슴에 담아

나그네 힘든 삶속 꿈
비로소 가을 문턱에 버리다

가을 포구

청자 빛 바다물결
거칠게 밀려와
은구슬로 떨어지고

가을 사랑
눈 먼 꽃잎 적시고
은구슬 알알 하늘로 뿌려질 때
바다 위 사랑노래 꾸르르 끼르르
갈매기 한 쌍 하늘 길 만들고

작은 꿈 조각 모아
고운 실로 엮은 사연
돛단배에 실어 님에게 띄웁니다

님 만날 기쁨
곱게 마음 밭에 심을 때
갯바위 부딪친 파도
안개비 되어 가을 길에 내립니다

가을이외다

정숙한 여인네 모습
고운 옷깃 세운 가을 색 곱다

맑은 호수에
노란 은행잎 떨어져
엷게 파문 짓고

여기 저기 가을 잎 지는 소리
슬픈 전설 가을 길에 물들다

너무 서러워
울음으로 녹아내려
떨어진 가을 잎새 적시고

멀리 찾고 있는
님
그림자 가까이 다가와
살포시 품에 안기는
정녕 가을이외다

가을 빗방울

가을 빗방울
소리 내어 천둥 천둥 풀 섶에 내리고
색동 잠옷 잎새들
가을 길 이불 되어

헤어지는 잎새들
사랑의 마음 껴안고
아픔의 가을 노래 부르고

가을 비 젖은 산 노루
맑은 눈가에 빗방울 맺히고

천둥 천둥
님 찾는 가슴 속 그림자
옛 가을 빗방울에
아련히 그 모습 포게진다

가을 향기

가을 녘 싸늘 바람
고운 물감 풀어
나무 잎 새 색동옷 입혀
산 길에 수놓고

푸른 잎새들
그날이 좋아서
지금 아픈 그림자 보여도
오늘을 생각 못하고

오늘 내일
소망의 굴레 속
내일을 기다리는 나그네
한 줌의 흑 잎 새

그래도 영혼 쉴
본향이 있어
아무 때나 버릴 수 없는

못 다한 사랑의 응어리

가을 속 깊이 묻고
구절초 향이 무덤을 덮고 있다

국화

뒷산 고갯마루
찾는 이 없는
무서리 내려
국화 꽃 향기 소슬바람 품에 안겨
가을 길 찾아온다

흰 꽃송이
풋사랑 나팔 꽃 담지 않고
유혹의 향기
옛님 무덤 찾아 님 만나게 하는

노란 꽃송이
꼬불 꼬불 곱게 벗겨진
선녀의 머릿결 같아

진한 가을 햇빛
거스른 꽃잎
고운 꽃잎머리 단장하고
하늘섭리에 머리 숙여 감사하다

님 찾는 가을 길

세상 꿈꾸는 듯
하룻밤 하루살이
가을 빛 만나
말끔히 씻긴 한 줌의 마음 거두어
멀리 있는
보고 싶은 님 찾습니다

작은 골짜기
산허리에 구절초
가을 부르는 짙은 향 소리
산울림 되어 들녘에 내립니다

님
같이 한 날 여러 날
포근히 안기고 싶었던 꿈
전설이 되고

가슴에 담긴
님의 음성 귓전에 소리 울음
누구나 가슴에
눈시울 젖는 이야기 하나 있듯
보고픈 님의 모습
가을 길에서 찾습니다

단풍잎

무서리 내려
여인네 여민 옷깃
가을빛 두루마리

익은 열매 한 해의 꿈
오늘을 감사할 때

산자락 단풍 곱게 물들어
산허리 붉은 노을지고

구절초 향기
고운 물감 풀어 입혀준 색동옷

산길에 어울리는 고운 색 향연
하늘의 섭리

짧은 햇빛 삶 가을 단풍잎
싸늘바람 찾아와

밤길 차가워도
고운 잎사귀 되어
별빛에 예쁜 모습 뽐내고 있다

들국몽어리

어린 뜸부기
어미 되어 가족과
논두렁 나드리 할 때

초가을 벼이삭 녹슨 햇볕 감싸고
세월 담은 사랑의 이야기 웃음꽃 만들고

낮은 산허리
구름송이 다가와

내일 필 들국몽어리에
향기 심어주고
삶의 섭리 가을 꿈 가슴으로 품고

노을 짙은 산허리
눈꺼풀 풀린 산 노루 저녁 꿈 지우고
파란 별

산등성이 넘나들며
다가온 가을 빛 속에
들국뭉어리 곱게 웃고 있다

민들레

들 내음 가득히
돌작길 논두렁에
슬픈 고독 쓴맛 줄줄이 담은
노란머리 민들레
외로워 나눌 고운바람 기다리며

늦가을에 노란머리 꽃
내 사랑 그대에게
하늘 바람 길 따라 뿌리 내려
고향을 잊고

꽃대궁 꺾어
호독피리 불 때면 쓴맛 향기
태어난 고향은 몰라도
꽃바람 님에게 순종하듯
노란 꽃송이 민들레

늦가을 흰 솜 털머리

새 생명 잉태하고
어디든지 달려가 고향 만들어 주는
바람 길에 고개 숙이며 살아가는 민들레

버들강아지

봄 얼음 방울 방울 녹아
물줄기 되어

개울 섶 송사리 떼
새 꿈을 꾸고

강가 길 섶에 살고 있던
버들강아지

눈뜨고 긴 잠 깨어
눈 비벼 이파리 튼다

줄기 꺾어 호득피리
불 때면

얇은 안개
가랑비 되어 강가에 내려앉아
일곱 색 무지개 하늘 끝에 달려있다

봄 나드리

봄이 오는 길목에
고운 실 아지랑이 들녘 메우고

수줍은 꽃망울
터지도록 감싼다

아침 햇살
일곱 색 무지개로
새 생명 잎새 나래 펴고

진한 사랑
한 줄기 웃음꽃 미풍을 달랜다

고뇌의 삶속
사랑보다 짙은 소망의 속삭임

달콤한 노래되어
나비등에 실려 봄 나드리 하고

봄을 찾은 한 영혼
십자가의 섭리에 감사할 때

낮게 드리운 구름송이 몰려와
봄뜰에 안개비 뿌린다

봄 길에 고운님 세워놓고

봄 내리는 서쪽호수(South Lake) 오솔길
연보라 라일락 꽃 향기
실바람 휘감으며
사월을 품고

봄 길에 고운 님 세워 놓고
송이 송이 꽃다발 엮어 들고
사랑한다 사랑한다 말하리라

우리 한 줌 흙에서 와
사랑할 날 얼마 남지 않은 이 봄
하늘 길 가르고 다시 찾은 그 길

몽울진 꽃송이들
서로 숨결 같이 나눌 때
나도 봄의 연인이 되어

봄 길에 고운님 세워 놓고
아름 아름 심장편지 엮어 들고
사랑한다 사랑한다 말하리라

봄이 오는 소리

봄이 오는 길목에
꽃 몽우리 터지는 소리
오솔길을 메우고
고운 실바람 들녘 잠들게 하고

소리쳐 불러도
돌아오지 않을 것 같은
봄 품은 흰 구름 송이 송이
오솔길 위에서 노래하고
가슴으로 노래하는 춤의 향연

봄이 오는 샛길 넓게 펴 놓고
눈뜬 생명들
주시는 섭리에 감사할 때

연보라
주홍빛 수놓은 들녘에
언제나 봄의 소리 하늘 가른다

사월의 빗방울

두껍게 쌓인 사월의 먹구름
눈물 흘리며 우산 위를 터벅 터벅 거닐 때

들 길 수놓은 연보라 들꽃 향기로
하루의 기쁨 머리 숙여 감사하고

빗방울 천둥 천둥 하루 시들 때
어둠속 가늘어진 방울 방울 구슬로 꿰어

흩어진 시간 조각하며
사월의 빗방울 천둥 천둥 천둥

오월의 하늘아비

꽃향기 하늘로 날아
오월의 하늘 문 열린다

뜸부기 논고랑 헤집고 집 지을 때
햇빛으로 열매 익는다

오월의 사랑 이야기
잊혔던 시간 모아

하늘아비 찾아 고백할 때
젖은 눈시울 손등으로 닦고

오월에 부는 바람 사이로
하늘마음 가득하다

오면서 가는 봄날

봄날 숲 속 풀잎 은구슬
아침 햇살 타고

하늘로 날아올라
엷은 안개 되어 가랑비 내리고

새 생명 웃음 짓는 소리
풀 섶을 매우고

섭리에 감사 하늘마음 쳐다볼 때
엷은 봄바람 꽃가지 흔든다

겨울 내 아팠던 상처 만져주었던 손 길
바람 꽃 되어 서로에 기대

봄은 그렇듯 오면서 간다

오월의 석양

석양빛 황혼으로 내려
오늘 삶 다할 때

내일 향한 꿈
낮게 내린 별 초승달 품고

석양 노루
별빛 아래서 꿈길을 찾고

오늘 얻은 꿈
감사하는 외로운 길 손

너무나 고왔던 님의 모습
먼 본향의 땅거미 찾아 나선다

오월의 향기

철쭉 꽃둥지 사이 길로
오월의 고운 연지 바른

푸른 새 아씨
흰 구름 타고 낯선 산허리 넘고

그리워 눈물로 익은 눈망울
보라색 라일락 향기 닦아 주고

꽃각시 집에서 꽃송이 터지는 소리
꽃둥지 샛길에 흩어지고

산딸기 익는 오월이면
하늘 향한 두 손 감사 열매 익어간다

2부
흰머리 갈대

노을
들깨꽃
들꽃상주
백향목 향기
살구꽃
석류꽃
젊은 할미꽃
떡갈나무
사막길 선인장
산오리 나무
산머루 익는
아카시아 꽃
팜트리 가족
한 나무의 삶
한 송이 목련
환희
흰머리 갈대

노 을

검붉은 가을 빛 얼굴
가을 길목 소슬바람 불어
구절초 망울져 피우고

들녘 시들어
노을 타는 냄새
가을 연기 속 하늘 빛 곱구나

님 모습 마음 깊어
사랑의 울음까지 녹아내리고
손등으로 눈시울 훔치면
얼핏 님 만난 꿈에서 깨어

빈손 왔다 빈손 돌아가서
한 줌 흙 되어지는
세상살이

무서리 내릴까
기러기 때 줄서 북쪽으로 날고
노을 짙은 들녘에서
잃어버린 나 방황하고 있다

들깨꽃

베란다 꽃 한 폭 벌건 들깨꽃
별 나비 친구 많아 하루가 짧고

허밍버드,
하루 서너 번 들깨꽃 어깨에 앉는다

이 꽃송이 저 꽃송이 꿀방울 찾아
작은 부리로 가슴 속 사랑 저미고

손짓 없이 헤어질 때
사월 실바람 들깨 꽃송이 가득 내려앉는다

또 다시 내일이 올까
하루를 그들 사랑으로 보내고 있다

들꽃상주

바람 밀려와
떨어진 마지막 잎 새

떠나야 한다
혹 만나지 못할 것이다

잡았던 손 서로 놓고
바람은 더 날세다

들꽃상주 가을 가득 무덤가
구절초 향기 눈물 떨구다

백향목 향기

멀리 혹은 가까이 있어도 만날 수 없는 사람이 있다

백향목 향기 지닌 검은 두 눈망울
높은 언덕 올라 구름송이 헤집어 보지만

오랜 세월 쌓이고 쌓인 멍에 무거운 짐 지고 살아도
다시 찾을 수 있는 것은 백향목 향기 때문이다

님의 향기 그리워 어린사슴 눈시울 젖듯
그리워 그리워 찾는 님의 향기

살구꽃

뒷산 오솔길
외딴 길목에

분홍색 말아 안은
오월의 살구꽃

향기 바람에 날려
이웃에게 봄소식 전하고

밤 낮 하늘 날던
부엉이 낮잠 청하고

봄빛 졸음
뻐꾸기 울어

산울림 돌아 올 때
살구꽃 향기 봄길 덮는다

석류꽃

주황색 치마저고리
곱게 입고
가을바람 앞세워 나들이 할 때

꽃향기 모아 잔치 하던 날
벌 나비 불러 모아
하늘에 감사하고

향 짙은 꽃송이
햇살 감춘 그림자

삼백육십다섯 알갱이
보석함에 담겨

주어진 섭리 깊은 사랑 나눌 때
가을 빛 속마음 영글어 물들어 간다

젊은 할미꽃

젊어서도 할미
늙어서도 할미

좁은 길 솔 밭길에 흩어져있다

억만년 세월 산 듯
흰 꽃머리 노란 꽃술 내밀고

오월 하늘 아래
젊은 할미꽃 되어 피어나고

젊어서도 할미
늙어서도 할미

머리 숙인 채 말없이 세상을 살고 있다

떡갈나무

아무도 모르게 찾는 이 없는
맑고 고운 가냘픈 봄의 소리

떡갈나무 잎 새 새 순 트이고
보라색 향기 앞뜰 가득하다

아침 햇살로 엮은 은구슬 목에 걸고
목 높여 봄노래로 하루를 시작하면

풀 잎 꽃송이 이슬비로 다시 태어나
일곱 색 무지개 타고 하늘 길 달린다

사막길 선인장

하늘 닿는 땅길
햇살 수줍은 선인장
마주 닿는 지평선 가리고
밤 꿈 깨는
목마른 세상살이
스쳐가는 바람송이에도 무겁다

초승달 기울어
푸른 별 빛 곤히 잠들 때
하늘이 주는 이슬방울
방울 방울 모두어
허리춤에 차고 내일을 기다린다

생일, 힘들게 빗방울 내려도
무지개 없이 청개구리 소리 들리지 않아도

목마름, 하루 하루 넘기면서
도마뱀 불러 사막까지 찾아가 인사 나누고

열매 맺어 사막 길에서 그 꿈 영근다

산오리 나무

잎 새 떨어져
땅 속에 누워버린

바람 한 점 거르지 못하는
산오리 나무

가지에 첩 첩 눈송이 쌓이고
매서운 찬바람 불어

소리 내어 눈송이 날려도
가지에 산 새 찾아와 울고

속살 검붉은 산오리 나무
동지섣달 힘든 산길에 홀로 서서

추위에 떠는 외로운 산새들 안아주며
또 한 번의 계절이 흐르고 있다

산머루 익는

삶의 응어리
소박한 가슴 속에
고운 꿈 마디 마디 심어 놓고

좋아하고 미워하는 마음
삶의 욕심
갈라진 솔가지에
사랑의 열매 솔방울 달렸듯

오래 기다려
버리기 아쉬운 가을길에
보고 싶은 사람 눈 속에 넣을 때
바람, 가슴에 서걱이고

고집스런
사랑의 멍에
가을 길 섶에 묶어 놓고
욕심 가득한 마음 풀 섶에 묻으면
들 향기 가득 산머루 익어 간다

아카시아 꽃

강 뚝 길에 많이 자라
하얗게 핀 송이 송이

꽃향기로 진주알 꿰어
목에 걸고

꽃향기 날려
꿀벌 불러 모아

잔치 잔치
칠월은 실바람에 꽃가루 날린다

팜트리 가족

높게 하늘 향한
세 그루 나무
옹기 종기 한 가족 길 곁에 서서
말없이 아침햇살 잎새로 만나고

황혼 노을 잎새 곁을 멀리 떠날 때
서로 안아주며
아쉬운 하루를 말없이 접는다

세상 한눈에 내려다 보며
하늘 마음 가을 바람 곁을 감쌀 때

우산같이 넓은 잎새
마음씨 고와 큰 바람결도 잎새 곁을 피하고

언제나 그 자리에 서서
여우비 소나기 빗물로 온몸 젖어도

하늘만 처다보고 구름송이 친구하는
세 그루 팜트리

오늘을 살며 내일도 같은 꿈 꾸리

한 나무의 삶

무언의 한 생명
많은 가지 붙들고
잎새들 사랑 서로 나누며
한 허리 동여맨 채
엉켜서 한 꿈,

태어나
지금까지 때로는 바람 친구 찾아와
하늘 향한 기쁜 손 짓
가지 흔들어 춤추고
높고 푸른 하늘 빛 가을 보며

비바람 올라와도
우산 되어 젖은 몸 감싸주고
진한 햇빛 거스른 얼굴 덮어주는
가지 잎 새 하늘 사랑
꿈꾸듯 이야기

하루 하루 생명길에
가지 잎 새 흔들어 그들 되어 주듯
구만리 천년길 주신 섭리 감사하며
묵묵히 서서 내일을 본다

한 송이 목련

아침 햇살 은구슬 담은
풀잎들 웃음꽃 돌담 밑에 모여

앞 뜰 저만치
화사하게 핀 한 그루 목련
천사의 나래되어 아침을 연다

이른 봄 실바람
목련 송이 송이 살포시 안아보고
곱게 앉은 향기
사랑 남기고 떠나다

무겁게 진 삶의 무게
내 것과 달리
목련 송이 웃음소리
삶의 섭리에 감사하며
천사날개 타고 하늘 날다

환 희

돌담 밑 사월
화사한 철쭉 잎 새
보라색 난 송이들과 눈웃음 짓고

영롱한 은구슬 굴러
아침 햇살에
일곱색 무지개 드리운다

난 향기 가득한 사월의 앞 뜰
섭리에 감사하며
고개 숙일 때

아지랑이 가까이 머물러
사월의 봄 날 살포시 동여매어
앞뜰에 풀어 놓는다

어설픈 인사 새 생명들에게
나누어줄 기쁨 안은 구름송이
안개비 뿌려 꽃송이 적신다

흰머리 갈대

가을바람 불어오는
하늘 아래 젖은 땅에
한 줄기 뿌리 내리고

많은 날 스스로 잊고
서걱서걱 휘몰아치는 바람
곁을 시리게 해도
한마디 대꾸도 없이

서로 사랑으로 보듬어 감싸주며
곱게 사는 갈대의 마음
다시 올 계절을 꿈꾸고

흰 긴 머리 곱게 빗고
찾아온 가을바람 반기며
머리숱 흔들어 춤출 때면
속세의 아픈 마음 살며시 잊어

언제나 허리 굽혀 인사
바람에 날리기도 하지만
상한 갈대 꺾지 않는 다는
당신의 약속에 눈물 고입니다

3부
더내미 인생

고향 길
고운 꿈 섭리
고집스런 삶의 향기
기다린 유월
대나무
더내미 인생
떡 만둣국
별들의 이야기
사랑아 감사야 용서야
산 까치
산울림 님의 소리
우리
지평선
길
이봄을 당신께 드렸음 해서
해변의 여인

고향 길

등굽은 고향 길
멀기도 해라
그 길에 유년의 계절이 걸리고
창포에 머리감은 고운 여인네
그네 탄 치마폭이 낮은 구름 가르고
쑥 뜯던 아낙네 웃음소리
흐르던 달래강 물보라 되고
만선된 잎 새 조각배
호구를 찾고
그 길 가까이 눈 속에 담길 때
멀리 서성이는 오월의 흔적
낮에 우는 뻐꾸기 외 울음
가랑비에 젖어 살구꽃 피는
오월이면 다시 오월이 와도
뒤 돌아 갈 수 없는 그 길
꿈에 그리는 지금
그 길에 작은 아이 울고 있다

고운 꿈 섭리

찾아온 계절 아쉬움 안고
겨울 옷 허리끈 동여매고
얼굴 화장하며
곱게 입은 마지막 잎 새
마음 가다듬고 길 섶에 내려
말없이 먼 길 떠나
살며 뒤돌아보는 시간
아픔이 있을지라도 내일 꿈꾸며
헤어지는 마음에 잔주름
훗날 잊지 않고 만날 이별의 사랑
들녘 붉게 탄 찌꺼기
죽을 만큼 좋아했던 그 사랑
버리지 못한 채
가을 길에 기대서서
소망의 빛 감사 열매 익는다

고집스런 삶의 향기

그리움 가득
자꾸 멀어지는 찬 서리 내려
늦가을 들국향기 외로워지는 내일
누구도 눈 마주치는 일 없이 서늘한 산등선
홀로 한 밤을 뜬눈으로 지새워
기다려 기다려 엷은 햇살 찾아와
또 하루를 시작하고
가을 빛 바랜지 오래
풀 섶 사이에 향기 가득 입에 넣고
가을 맛 온통 들녘이 내 것이 되고
들길에 외로운 삶
향기로 벌 나비 불러
도란도란 세상 이야기 노래하며
진눈깨비 내려 눈송이 두꺼워 져도
들꽃향기 가슴으로 낳은 생명
새날의 봄 빛
기다리며 다시 기다리며

기다린 유월

유월의 천사
향기 품은 꽃송이 되어
내일의 생명 열매 태몽 꿈 들고
아침 햇살 은구슬로
유월의 하루 펼치고
항상 기다렸던 님
유월이면 오신다던 그리움
들녘 꽃향기 소슬 바람에 실려와
가슴에 스며들고
뒤엉킨 유월
실타래 끝마디
낮게 드리운 구름송이 한 끝에
동여매여 기다렸던 꽃향기
유월의 꽃 잔치
새 생명의 환희 유월의 들길 가득하다

대나무

언제나 틈새 없이
서로 부대끼며 사는
곧은 대나무
텅 빈 마디 마디 마음
한 나무되어

늘 곱게 살아 걱정이다

바람 섞인 빗방울
무섭게 내려도
힘들다 하지 않고
높은 곳만 바라보는
마디 마디 엉킨 삶

하늘과 땅 사이

뾰족 솟은 죽순도
며칠 밤 지나면
어미같이 하늘길보며
하늘로 자라는
곧은 대나무

더내미 인생

붉게 물든 잎 새
가을 길에 내리고
남지 않은 시간 속 하늘 꿈

한 해 지고 살아온
힘들었던 삶의 조각
헝클어진 어제의 꿈
늦가을 길 섶에 풀어 놓고

외로운 나그네
몰랐던 삶
모두어 가을 길에 뿌리고

당신이 만들어 놓은 그 길에서
나그네 소망 안고
십자가 기댄 채
영혼 드릴 있는 나그네
더내미 인생
하늘에 감사 하며

떡 만둣국

흰 가래떡 썰어
곱게 빚은 만두송이
맑은 육탕에 함께 끓여

한 줌의 매끄러운 당면
떡 만두와 엉키고
알 후추 가루 내어
계란 노른자 담긴 고명위에 뿌리고

먹음직 색깔고운
내음도 좋고
그 떡 만둣국 그 누가 싫어하랴

백김치 국물 한 술 곁들일 때
옆에 놓인 장 그릇도 안보여
슬기로운 조상님 지혜
나만 감사하랴

아낙네들
손맛에서 조금씩 다른 맛
새해의 희망과 덕담 나누어 먹는
정초의 떡 만둣국

별들의 이야기

이루지 못한 사랑
마디 마디 동여매여
어두운 밤하늘에 피어나는
별꽃 둥지에 모두어

짧았던 사랑 엉킨 밤 이야기
즐거웠던 웃음소리
슬펐던 꿈길에서 아픔 이야기
하늘 은하수 길에 풀어 놓다

고왔던 별들 이야기 속에
꿈에서도 못 만났던 어머니 모습
고향 길 달래강
가슴에 담는다

별들의 푸른 소리에
잠 못 이루고 뒤척이던 초생달
깊은 잠 청하여 새벽에 이를 때 까지

별 하나 나 하나
별 둘 나 둘
별들의 소리 쏟아져 내린다

사랑아 감사야 용서야

뭇 서리에 젖은 가을 상처
내린 흰 눈송이 감싸
그 아픔 달래 한 해를 지고 가야할 삶
내 것이 아니었음을
보내며 가슴으로 용서를 빌고
떠나는 당신을 부를 때

사랑아 감사야 용서야

너 만은 나와 살아야 했는데
삼백육십오일
정해진 삶 속에
산언덕 자갈 밭 정해진 길들
당신과 내가 걸었던 그 길
섧게 보내며 용서를 빌고
뒤돌아 다시 부를 때

사랑아 감사야 용서야

노을 비낀 저물은 한 해의 갈라진 길목
당신 다시 만나지 못한 사랑의 응어리
보이지 않는 먼 곳 버리고도 싶지만
보내며 다시 당신을 부를 때

사랑아 감사야 용서야

산 까치

구절초 송이 송이
가신님 못 다한 작은 무덤가 수놓고
산 노을 재 빛 되듯
불에 탄 산허리 나릴 때
님 찾는 산 까치
님 부르며 노을 덮인 집 찾아 나서면
산나물 캐는 산 색시
밀개떡 허리에 찬 채
초승달 기운 산등성에서
지친 하루
검은 하늘가에 버리고
초저녁 뜬 별들을 새어보며
내일을 모르는 산 색시
흙으로 돌아가야 할
시간을 쪼개며
그래,
한 줌 맡길 영혼
은하수 다리 놓는 하늘 길 지켜보고 있다

산울림 님의 소리

높이 뜬 구름 송이
푸른 하늘 사이 사이
가슴에 담긴 고운님의 모습

사랑 끈 달아
구름송이에 걸어 놓고
님 기다리는 간전한 마음

숨결 못 다한
들국잎새
외로이 품은 향기 들길에 뿌려지고

길손, 외로운 가슴에
눈물로 열매 익어 갈 때
가을 길 부끄러워 하늘 바라며

구절초 향기 부르는 가을 노래
님의 소리 되어
가을 길에 내려앉는다

우리

태고의 마음 밭에 뿌리 내린
삶의 굴레
너와 나 다른 길 걷지만
눈망울 마주하고
눈웃음 가까이
아픈 사랑 서로 나눔
우리가 되어가고
너, 나보다
소중한 우리
님 사랑
깊은 마음으로 감사 노래하며
붉은 노을 비가 되어
우리가 되어가고
홀로 선 가을
달빛에 젖은 슬픈 전설도
함께 한 소중한 우리의 꿈
너와 나 사이에
천사 드리운

일곱 빛 무지개 다리 위에서
우리 되어
더 나은 사랑 노래 오선지 위 노래 되다

지평선

끝없이 하늘과 물이 닿아
푸른 물 모여 살고
크게 찾아왔다 작아져 뒤 돌아가는

산타모티카 해변

오월의 푸른 바다
해풍에 인간 파도 넘실 두둥실
하늘 향해 춤사위

하늘에 둥지 틀고
하늘 날고 있는 새 깃에
바다는 조각되어 은구슬 하늘 길 만들고

밀려온 모래 밭에 묻어온
살아지지 않을 소금
잊혀진 고향 그 속에 녹아 내린다

길

삶의 토향에
보이지 않게 사랑으로 내려
받는 이 받는 그릇 서로 달라도
하늘 향한 신실한 마음 밭
빈 그릇 없어도
마음에 새기는 사랑 채워가고
엮긴
삶의 기쁨 슬픔
산 가을 단풍으로 물들고
당신의 밭에서만 자라며
걸어가는 오늘 마지막 그 길에
뿌리 내리며 자라는
고향 풍경 걸려 있다

이 봄을 당신께 드렸음 해서

봄날의 아침 햇살
아지랑이 꿈

새 생명 잉태되어
태어난 새싹
아침 햇살 담은 은 구슬

구름 없는 높은 하늘 밑
바람 꽃 휘돌아 꽃망울 피우는
한 폭 그림자

하루살이 나팔 꽃 하루 살아도
가슴 가득 노란 나비 등에 업고
당신께 보내 드리는 봄 날

해변의 여인

명주 고름 같이 부드러운
모래알 모여 사는
바닷물 감싼 저녁 길 해변
황혼 노을 속으로 갈매기 제 짝 찾아 날고
석양 짙은 파도
엷은 파도 안고와 모래알 덮고
님 마주한
석양 길 해변 붉게 물들어
모래 젖은 발자국
뒤에서 밀려온 엷은 파도
소리 없이 쓰러 가면
그 자리엔 사랑과 미움도 남을 수 없는
해변 길
사랑한다 말 한마디 없어도
잡은 손 사랑으로 말하는
매나탄 해변의 연인

4부

그리움

그리움
길손
꿈길
나그네
천국을 본다
삶의 굴레
삶의 본향
새날
어머니 모습 1
어머니 모습 2
어머니 모습 3
접동이 우는 고향
너를 부르는 소리
마지막 날에
빗방울 그림자
오실님 기다리는
한줌의 생각

그리움

불러보기도 전에
눈물방울 흩날리고

많은 세월 지나
모습조차 멀게 잊혀 가는

문득 생각날 때면
온 가슴 조여 오고

철부지로 만나
철들어 헤어진

님의 모습
불러도 대답 없고

한 줌 육 땅에 돌아가고
한 줌 영혼 하늘길 가도

잊을 수 없는 그리움
사라지지 않을,

길 손

맑은 호수
가을 향기 호수에 그림자 드리우고

소슬바람 그 향기 등에 업고
호수 길 옆에 뿌리내리면

가을 하늘 빛에
열매 익고

사이 사이 바람 사이
고왔던 님 그림자

황혼 노을
항아리에 담아 두다

꿈 길

푸른 별빛에 기댄
검게 내린 밤 자락

닿을 수 없는 그림자
여러 송이 진홍색 장미 꽃

당신의 향기
사라지는 그림자

가파른 고개 넘지 못해
당신의 숨결 찾지 못하고

눈뜬 세상
다시는 만날 수 없어도

흐려지는 옛 꿈 조각
당신은 그대로입니다

나그네

깊게 내린 진한 색 가을
떨어진 잎 새 뒤엉킨

세상살이 나그네
그 가을 길에 서서

헝클어진 삶
가을볕에 헹구어 내면

무거운 십자가 멍에
감사할 이유 되고

하늘 고향 바라는
십자가에 기댄 나그네

천국을 본다

반짝 반짝
크고 작은 별들

꿈 속 푸른 이야기
밤이슬로 살며시 내리고

아침 햇살 찾아온 안 뜰
풀 섶마다 진주알 대롱 대롱

그 하늘에 마음 담아
구름송이 걸려 있는 하늘

하늘에 감사할 때
높아져 가는 하늘 사다리

삶의 굴레

그 길 나그네 길
정해진 곳 없는
하루 해 걸어 황혼 노을 비끼고
소리 없이 검은 밤
허공 속 작은 샛길
때론 꿈속에서 당신 만나
사랑이 기쁨이 될 때
새벽 닭 울어 먼동 트고
인생길 수레 싣고
힘들게 외 다른 길 목
십자가에 기댄
한 줌의 흙
한 줌의 영

삶의 본향

모나고 둥글게 살아도
내것 같은 그 속 나도 몰랐다

기쁨과 슬픔이 한 옷 입고
유혹 속 춤추는 불나비

내 인생 모아져도
한 줌 흙인 것을

고향 길
너머 고향이 있다

새 날

얼어붙은 찬 서리
흰 눈송이 안아오고
실낙원 많았던 꿈
삼백육십오일 접는 마지막 날
또 다른 새날
십자가 십자가
소리 높여 불러 본
성탄으로 온 당신 바라보며
지난 시절
진정 당신을 만나지 못한 서러움
기도의 눈물로 채우고
기다리는 내일
당신을 바라는
새날에
당신을 기다리는
당신을 향한 내 사랑 이야기

어머니 모습 1

외독자 아버지와 정혼하시고
많은 식솔 보살피며
희생 사랑으로 일생을 마치신 어머니
훤칠하신 키
눈매 굵고 목 긴 사슴 같았던
어머니
갸름한 두 뺨
너무나 고왔던 어머니
현씨 가문에 시집 오셔서
서른넷에 막둥이 낳으시고
세상 것 다 얻었다며
닷새 동안 동네잔치 벌렸던
눈가에 주름 늘어
잊혀 가는 시간 속
어머니 모습
문득 문득 두 눈 가까이 있다

어머니 모습 2

육이오 피난 길
통통배 부산 부두 떠나
며칠 밤 낮 제주로 가던
아침 바다길
소리도 앞 바다 외딴 섬
하늘 날아와 떨어진 폭탄에
배에 불이 붙고
아, 전쟁의 비극
신의 노여움이 아니기를
기도하며
살아남은 사람들
힘겹게 섬에 오를 때
땅거미 내린 바닷가에
초승달 그림자
부모 잃은 어린 남매
부모 찾는 울음 소리
너무나 애절했던 그 밤
나 어릴 적

어머니 입에 넣을 세라
내 입에 먼저 넣어주시던 사랑
선하시고 정 많으셨던
어머니

어머니 모습 3

부상당하신 어머니
비탈길 잔솔밭 찬 땅에 뉘우고
초생 달 기우려 뜬 하늘 향해
눈물로 범복
내 어머니 살려 주소서 살려 주소서
돌아오지 않는 메아리
곱게 누우신 채로
세상과 이별하시고
어머니 찾는 어린 아이 슬픈 목소리
엷은 파도 밀려와 자갈길 가를 때
그 소리 그곳에 있어
곁에 있던 사람 눈시울 적신다
피난 길 외 다른 솔밭 파도 소리밖에
들리지 않던 그곳에
어머니 묻고
슬픈 마음 죄스러웠던 그 초저녁 밤
잊혀 가는 육십 여년 시간 속에서도
사랑의 어머니
어머니 나의 어머니

접동이 우는 고향

시암산 칡넝쿨
황혼 빛 감싸고
산 노루 맑은 눈에
저녁노을 그늘 질 때
하늘의 별
성큼 성큼 산마루 넘고
아홉 오라비
그리워 울며 찾는 접동이
밤새 가을밤을
아홉 오라비 접동 아홉 오라비 접동
밤 들녘 싸늘히 쓰러지고
북녘 고향 길
달래강 맑게 흘러
모래무지
지금도 모래 속에 집을 짓는지
동편 고을 좁은 논두렁
고향 길
구만리 멀기도 해라

기러기 줄지어 날아 하늘을 가르고
멀고 먼 고향
접동이 우는 가을 고향 길
마음에 그 길 있다

너를 부르는 소리

사랑하는 친구야
서로 엇갈려 부르는 소리
눈물방울 동여맨 낮은 산골

떨러진 잎새들
누울 자리 찾고 하늘 쳐다보며
마지막 인사를 하고

화려했던 지난 계절
숨죽여 헤어질 슬픔에
서로 목 놓아 울면

산새도 슬픔에
눈물 말라
울지 못해 가을 짙은 산등선

들국향기 헤어지는 것이 아쉬워 일까
슬픈 곡조 바람에 날려
산자락도 비틀거리고 있다

마지막 날에

십일월 마지막 날에
가을은 옅어지고
잎 새 떨어진 낯선 오솔길

사라지는 것들에 대한 그리움에
하늘만을 마음에 담아
나그네 눈가에 이슬비 내리고

차가운 빗방울 떨어지는
낮은 자리 찾아와
당신 뜻 이루어지다

외로운 나그네
이 날 마지막 날 당신의 은혜
흙이 되어서도 감사할 노래

그날에

빗방울 그림자

찬 빗방울 창가에 부딪쳐
가슴골에 내리고

아픔으로 고인 옛정
멀리 보낸 님 보고픔

아프게 사랑했던
마지막 한 해의 넋두리

흘러가는 빗방울에 님의 미소
마음 깊은 곳 까지 숨기고

고뇌하며 그리움에 젖은
꿈 조각 모아

마지막 한 해 갈림길
떠내려가고 있다

오실 님 기다리는

삶의 무거운 멍에
인생길 누구나 메는
황무지 자갈길
수레 탄 삶의 좁은 길
님 계신 곳 그리며
새 꿈 찾아
한 고개 넘고 또 한 고개 넘으면
가로막는 높은 고개
또 하나 있습니다
님 바라보며
십자가에 기댄 눈가에
눈물방울 맺어도
닦지 못하고
맑은 날 꿈에 속아
황혼 먼 길 접을 때
초승달 하늘에 걸려
별들의 푸른 이야기 이슬로 내리는

길 손
마지막 찾아갈
본향 길 꿈 고운 그릇에 담아 놓고
님 만날 그날을 기다리며

한줌의 생각

그리운 그림자 님의 모습
초라한 삶 속 마음 한 구석에

늘 눈에 선히 맺히는
갸름한 모습 검은 큰 눈망울
봄 향기 꿈에서 만나고

별빛도 도란 도란
아침으로 돌아가는
세상 이야기

하늘 길 두고
젊음에 엉켜 나누던 사랑
밤새 마주했던 계절

버리기 아까운
녹슨 한 줌의 마음
토막 토막 녹여

엷은 이슬방울 만들어
목련 꽃 송이에 내리고 하고
그 잎 새 기다리며 한 줌 생각되었으며

5부

하늘 문을 여시고 이곳을 바라보소서

내일의 은혜
복음의 가을 씨앗
부활의 십자가
십자가 사랑 1
십자가 사랑 2
십자가 사랑 3
십자가의 참 사랑
에부라다 작은 마구간
이 가을에 드린 기도
하늘 길
하늘나라 찾을 때
하늘 문을 여시고 이곳을 바라보소서
감사

내일의 은혜

작은 마음 속 얻은 것 없이
하루 해 저물어
마지막 작은 소원 기도로 남기는
길 잃은 영혼
님 찾아온 기도원 안 뜰

작은 솔 낮게 자란
굽어진 산허리
실바람 가을 빛 안은
맑은 삶의 무거운 멍에
바구니에 가득 담아
가슴으로 안고 옵니다

무늬 없는 검은 장막
산 노루 쉴 잠자리 찾아주고
별들 이야기
산 노루 꿈 이슬져 꽃잎 적시는 산자락

하루의 은혜
누구나 제 것이 되는
사랑의 님의 모습 마음에 자리할 때
주시는 은혜 꿈에서 만납니다

복음의 가을 씨앗

님주신 복음의 씨앗
말씀 속에 움터
마음 밭에 뿌려져
곱게 자란 하늘 꽃 피울 때
꽃향기 강단에 가득하고
님을 만난 고마움에
맺힌 눈물 방울져
무릎 적셔도 나만의 사랑
삶의 전부
님에게 맡긴
기쁘고도 아픈 외로움
기도로 아뢰는
님 향한 순종의 사랑
항상 죄인 되어
보좌 앞에 무릎 꿇고
생명 주신 은혜와
구원의 감사 찬송 드리고
천사가 엮어준 일곱 색 무지개

님의 사랑 나 밖에 몰라
열매될 복음의 씨앗
곱게 쌓은 강단위에
받을 그릇 넘치도록 내려 주소서

부활의 십자가

피흘려 지신 주님의 십자가
천사의 날개 아래 돌문 열리고
영체의 새 생명 세상 부활 했을 때
온 세상 놀라
하늘 문 열렸고
끊을 수 없는 사랑
이곳을 찾아와
기뻐 만난 삶의 무리
눈시울 젖어
꿈이 아닌 옛 이천년 지금에 보는
부활의 새 생명
우리 곁에 있었을 때
손바닥 못 자국 숨길 수 없었던
보혜사 성령 다락방에서 주신
아버지의 뜻 누구도 몰라
그 사랑 갚을 사람 아무도 없고
십자가 부활의 참 사랑 온 누리에 가득하고
세상 길 멀리하고 천사들과 같이 하늘 길 떠날 때

다시 오마 약속하신 재림의 말씀 남겨
주님 부활하신 십자가 밑에서
다시 오실 그 날을 기다리리라

십자가 사랑 1

빛이 있어도
땅거미 몰려와도

당신 내 곁에 계심
나 밖에 몰라

나를 위한 십자가
언제나 내 곁에 서 있음 같이

구레네 사람 시몬과 함께
지고 간 십자가 골고다 언덕에서

구원위한 사랑 큰 아픔 이기고
당신이 지신 십자가였음을

세상사 모든 것 아는 것 없어도
당신만의 아는 사랑의 십자가

나를 위해 있네
먼 먼 내일까지도

십자가 사랑 2

어디든지 끝 간 데 없이 주시는
당신의 사랑이 있고

늘 주시는 그 사랑
내 것만이 아니어라

세상 것 욕심 짙게 물든
삶이기에

내 삶의 영혼
당신에게 소망 품고

주시는 그 사랑에
작은 감사도 못 했어라

힘든 세상사
그 아픔이 내 것이어도

십자가 그 사랑
나를 위해 있네

십자가 사랑 3

진정 남은 한 줌 사랑이
내게 있다면

탕자의 아팠던 사랑이
옛 꿈과 같아야 하는데

당신 주시는 사랑에
나 감사 하리라

매 마른 마음 속
미워하는 생각 남아 있어도

사랑의 십자가 당신 사랑에
미워하는 생각 용서하리라

십자가 보혈
그 아픔 내 것 되었고

십자가 그 사랑
나를 위해 있네

십자가의 참 사랑

아프고 힘들게 지신
주님 사랑의 십자가
구원 이루기 위해
땀방울 핏방울 될 때까지
하나님 향해 기도하며
지신 십자가
주홍 빛 참사랑
먼 어제의 꿈 같아도
지금 내 마음에도 있네
이제 다 이루었다
영혼을 하나님께 맡겼던
십자가 위에서 마지막 말씀
십자가 언저리에 빗방울 떨어질 때
검은 구름 몰려와
하늘도 눈물 흘려 슬피 울고
고뇌 속 아프게 지신 십자가
마음 깊이 깊이 묻어 두고서
주님 다시 오시는 날

그 십자가 만나기 위해
그 날을
손꼽아 기다리리라

에부라다 작은 마구간

에부라다 작은 마구간
구유에 태어나
누울 자리 없었던
하나님만 바라고
천국의 회복으로 오신 아기 예수

아기 예수 태어날 때
별빛 인도
동방박사 찾아와
예물로 탄생을 축하드린
메시야로 오신 아기 예수
누구도 몰라

하나님 사랑으로
많은 생명에게
하늘 길 보여준 공생애 삶
힘드셨던 본래의 사랑
생명으로 나누어 준 십자가 보혈

이 천 여 년 전
아기 예수 나누어준
십자가 참사랑 지금에도 볼 수 있고
누구나 축하 나누며
눈물어린 한 해의 마지막 감사

이 가을에 드린 기도

가을 하늘 아래
사랑으로 드리워진 저녁노을
은혜로 쌓인 기도원 제단
당신의 그 음성
참 사랑이어라
찬양의 화음 속
비워야 채워지는 은혜
당신의 사랑이 구원이라는 이름으로
우리 모두 아멘으로
욕심 많은 나그네 삶
내 것 전부일지라도
기도와 찬양으로
당신을 만나게 하고
당신이 주시는
이 가을 기도원 큰 사랑
받는 나에게
이 계절로 감사하게 하소서

하늘 길

정자 빛 드높은 하늘
산마루 솔가지
구름 걸려있습니다

내일 길도 오늘과 같은
나그네 그 길에 서성이며

서늘한 바람 불어 산 머루 다래 익어도
언제나 외로운 나그네입니다

흙으로 돌아가 그곳으로 가는
하늘아비 주신 꿈에 기쁨을 봅니다

하늘아비 오실 날
약속을 기다리며

세상살이 삶 속
하늘 길에 메워진 멍에 메고

보이지 않는 내 길을 찾고 있습니다

하늘나라 찾을 때

구원 허락 받은
내 영혼
한 줌 땅으로 돌아가고
영의 안식 하늘나라 찾을 때
지난 시간 여러 생각 버리고

고요히 하나님만 바라라

십자가의 굴레
멍에 맨 사람들
신실한 기도 사람의 마음 드리고
주님의 숨결 내 마음 느낄 때

영혼도 잠잠히 하나님만 바라라

참회의 만남
뜨거운 눈시울 무릎 적셔도
세상 것 전부처럼

눈 감을 때 그 그림자 멀리 떠나도
늘 죄인 된 마음

언제나 하나님만 바라라

하늘 문 여시고 이곳을 바라보소서

하늘 문 여시고
이곳을 바라보소서
사순절 우리 마음에 고난의 십자가
내것 같은 아픔

주님 깊은 고뇌
아버지의 뜻대로 지신
그 순종의 십자가
나를 위함이요 구원이었음을

작은 지붕위에 십자가 걸어놓고
멈출 수 없는
진홍빛 참 사랑 여기에 있어

누구나 가질 수 있고 나눌 수 있는 사랑
이 사랑 우리 하나되어
감사의 찬송으로 여는 하늘 문

하늘 문을 여시고
이곳을 바라보소서

감 사

이슬나라
찬바람 마주 앉아
흰서리 하늘 향한 여러 꿈송이
당신 곁을 찾습니다
말없는 큰 은혜 속삭임 되어
살아있는 생명
사람으로 감싸줄 때
서로의 감사
눈시울 젖어 나눕니다
구원 주신 생명
살아있어
소망의 꿈 이루어
하늘아비
마음 밭에 심겨 사랑하고
두 손 모아 주신 은혜 감사할 때
두 눈에 방울 맺힙니다
사랑과 은혜
감사로 묶여진 십일월

갈보리 언덕 주홍빛 참 사랑
십자가 보혈로 감사 할 때
나눌 수 있는 사랑에 감사합니다

그리움 속에서 빚는 본질로의 귀향

by
Dr. SungChul Baek. Poet

현태식의 작품세계

그리움 속에서 빚는 본질로의 귀향
〈현태식의 시〉

백 승 철
(시인. 문학평론가. 에피포도예술인협회 대표)

　시전. 〈시와 예술의 전당〉에서 줄임말이다. 미국 LA에 있는 단체로 이인미 시인이 주관하고 있다. 오래전이다. 미주한국기독문인협회 초청을 받아 문학 강의를 한 적이 있었다. 그곳에서 처음 이인미 시인을 만났다. 만남이란 언제나 생소하고 새로운 의미가 있다. 훗날 시전에 초청을 받았고 그 후 나는 시전의 지도위원이 되어 있다. 간혹 그 모임에 가서 시작 강의를 하곤 했는데 현태식 시인과의 만남이 이루어진 공간이다.
　그 연세에도 불구하고 현태식 시인은 시 작업에 있어서 누구보다 앞서나갔다. 시작품의 량이 풍부했을 뿐

아니라 시 창작에 있어서 작품을 만드는데 애 쓰는 모습이 눈에 닿을 정도였다. 순간순간 작품성에 대해 심한 질타를 받아가면서 하나, 둘, 작품에 힘이 실리기 시작했다.

이미 젊은 우리보다 세월을 앞선 때문일까? 삶을 저울질 하는 현태식 시인의 진솔함이 작품 곳곳에 스며있다. 이번에 〈에피포도문학〉 신인상을 수상해서 공식적으로 시인이라는 이름표를 달게 됐다. 뿐만 아니라 그 동안 모아 두었던 첫 번째 시집을 오늘 세상 밖으로 상재하는 것이다.

이 시집을 읽는 독자들에게 당부하고 싶은 것은 현태식 시인의 작품을 단순한 시로 읽지 말고 그가 살아왔던 한 생애를 연상하며 삶의 본질적 의미를 한번 되새김하여 반사된 그림자를 따라 우리의 모습에서 일그러졌던 부분이 치료되는 행복이 있었으면 하는 바램이다. 이제 좀 더 구체적으로 현태식 시인의 작품 세계로 여행을 시도해 볼 것이다. 다음은 현태식 시인의 작품구성 도면이다.

〈자연서정〉 – 〈전이〉 – 〈그리움〉 – 〈고향풍경〉 – 〈본질로의 회귀〉

현태식 시인의 작품에서 빈번하게 주축을 이루는 시

의 형성은 자연에 기초하고 있다. 자연은 모든 시인에게 있어서 특별한 감정이다. 눈만 돌리면 우리 삶과 익숙해 져 있는 시 형성의 정서이다. 그런데 현태식 시인은 단순 자연서정을 노래하는 것이 아니라 작품 안에 또 다른 정서를 담고 있다.

  시 작업에 있어서 전이현상은 모든 시 작품에 실제적인 영향을 끼친다. 이를테면 가을이라고 말했을 때 그 가을은 단순 눈에 띄는 시어에서 전이, 변용되어 그리움으로 새로운 시적 감성을 표출하는 경우이다.

  사랑보다 뜨거운
  가을 꽃 웃음소리
  고운 색 물감 들어
  좁은 산길 돌아 가을 길에 뿌려지고

  산 노루 맑은 눈 호수에
  꽃잎 향기 내려앉아
  소슬바람
  가을 길에 서성이면

  뒤돌아앉은 산
  가슴에 안고

고왔던 옛님 모습
길 섶 풀에 묻을 때
애틋했던 옛정
눈가에 담깁니다

                      -가을 길 (전문)

  위 시에서 나타나는 일반적인 가을의 정서인 가을 꽃, 산 노루, 소슬 바람은 그리움으로 변용되는 징검다리 역할을 하고 있다. 다시 말해 가을의 정서에서 마지막 연에 언급된 누군가를 그리워하는 그리움으로 시적 흐름이 완전히 변용된 것이다.
  이러한 시적 표현은 모든 시인이 주목해야 될 부분이다. 눈에 보이는 가을을 있는 그대로 표현했다면 그것은 시일 수 없다. 단순 사실적 묘사에 불과한 것이다. 그런 점으로 볼 때 현태식 시인은 시 전개를 아우르는 솜씨가 예사롭지 않다.

봄 얼음 방울 방울 녹아
물줄기 되어

개울 섶 송사리 떼
새 꿈을 꾸고

강가 길 섶에 살고 있던
버들강아지

눈뜨고 긴 잠 깨어
눈 비벼 이파리 튼다

줄기 꺾어 호득 피리
불 때면

얇은 안개
가랑비 되어 강가에 내려앉아
일곱 색 무지개 하늘 끝에 걸려 있다

―버들강아지 (전문)

위 시에서 보듯 현태식 시인의 그리움은 누군가를 그리워하는 사람을 대상으로만 삼지 않는다. '버들강아지'는 시인이 자라온 유년의 추억이 걸려있는 그리움이다. '개울 섶 송사라 떼' '강가 길 섶' '호득 피리' 이러한 시어는 현태식 시인의 마음에 잊히지 않는 고향의 서정이다. 다음 작품(고향 길에 대한 구분 변형. 필자주)을 읽어보면 시인의 마음에 자리하고 있는 고향에 대한 그리움의 정서를 보다 더 이해하게 될 것이다.

등 굽은 고향 길
멀기도 해라
그 길에 유년의 계절이 걸리고

창포에 머리감은 고운 여인네
그네 탄 치마폭이 낮은 구름 가리고

쑥 뜯던 아낙네 웃음소리
흐르던 달래강 물보라 되고

만선된 잎 새 조각배
포구를 찾고
그 길 가까이 눈 속에 담길 때

멀리 서성이는 오월의 흔적
낮에 우는 뻐꾸기 외 울음
가랑비에 젖어 살구 꽃 피는

오월이면 다시 오월이 와도
뒤 돌아 갈 수 없는 그 길
꿈에 그리는 지금
그 길에 작은 아이 울고 있다

—고향 길 (전문)

이렇게 본다면 우리는 현태식 시인을 이 시대에 〈그

리움을 노래하는 시인)으로 명명하기를 주저하지 않을 것이다. 그리움은 어떤 대상, 혹은 실상이기도 하거니와 분명한 사실은 시인의 경험에서 비롯된 정서이기도 하다. 또 한 가지 짚고 넘어가야 될 것이 "시인은 현재 무엇을 그리워하는가?" 하는 질문이다. 시인에게 있어서 그리움에 대한 확실한 실체이기도 하다.

현태식 시인은 80에 가까운 고령이다. 현태식 시인의 고향은 평안북도 정주이다. 6.25 동란 중 피난길에서 어머니('어머니의 모습 1.2.3' 참조)를 잃었다. 한 시대를 엮었던 시인의 마음에 자리한 복잡한 정서이다. 다시 돌아가 볼 수 없는 고향에 대한 시인의 마음을 그의 뒤안길에서 살핀다면, 굳이 여기서 다른 작품을 옮기지 않을 지라도, 여기에 실린 모든 시인의 작품이 그런 정서적 시각에 바탕을 이루고 있다.

잎 새 떨어져
땅 속에 누워 버린

바람 한 점 거르지 못하는
산오리 나무

가지에 첩 첩 눈송이 쌓이고
매서운 찬바람 불어

소리내어 눈송이 날려도
가지에 산 새 찾아와 울고

속살 검붉은 산오리 나무
동지섣달 힘든 산길에 홀로 서서

추위에 떠는 외로운 산새들 안아주며
또 한 번의 계절이 흐르고 있다

―산오리 나무 (전문)

 여기서 '산오리 나무'는 신앙심과 같은 대상이기도 하다. 그 나무는 매서운 바람과 눈, 골짝, 찬바람에도 절대로 흔들려서는 안 되는 나무이어야 한다. 그 나무만큼은 언제나 변함이 없어야 한다. 세월이 가도 언제나 그 자리를 지키고 있어야 하며, 언제나 찾아가서 쉬고 새로운 삶의 영역을 공급받아야 한다. 그래서 시인에게 있어서 '산오리 나무'는 그리움을 정화 시키는 작용이기도 하다.
 모든 것이 변하는 세상이다. 하지만 오랜 세월 경험된 그리움이란 그것이 고향에 대한 것이라면 더할 것도 없다. 누구나 고향에 대한 그리움이 있다. 인간의 모든 공통된 감정이기도 하다. 아무리 세상이 혼탁하다 할지라도 고향에 대한 그리움은 인간 본질의 감정과 일치된다. 고향은 인간의 본질적 문제로의 회귀이다. 그러나 사실 이 지구에는 우리가 경험했던 고향의 본질이 존재하지 않는다. 이제 현태식 시인은 두고 온 고향의 서정에서 본질적인 문제로 넘어가고 있다.

청잣빛 드높은 하늘
산마루 솔가지
구름에 걸려 있습니다

내일 길도 오늘과 같은
나그네 그 길에 서성이며

서늘한 바람 불어
산 머루 다래 익어도
언제나 외로운 나그네입니다

흙으로 돌아가 그곳으로 가는
하늘아비 주신 꿈에 기쁨을 봅니다

하늘아비 오시는 날
약속을 기다리며

세상살이 삶 속
하늘 길에 메워진 멍에 메고

보이지 않는 내 길을 찾고 있습니다

— 하늘 길 (전문)

　위 작품 외에 기독교정서로의 변화는 시인의 많은 작품 속에 숨어있다. 그리움은 간절한 소망이기도 하다. 현태식 시인은 고향에 대한 실존의 갈망을 그가 신앙하고 있는 신의 절대성에 기대고 있다. 그것은 인간이 추구해야 될 마지막 본질에 대한 추구이다. 그 어떤 그리움도 본질의 귀향에는 미치지 못하는 정서이다.
　그래서 일까 그리움의 주변을 나그네로 시인은 묘사하고 있다. 그래서 시인은 "산 머루 산 다래 익어도 / 언제나 외로운 나그네"로 묘사하고 있다. 모든 그리움이 하나의 정점 "하늘 아비 오시는 날 / 약속을 기다리며"로 모아지고 있다.
　본 시집을 읽는 독자들은 한 사람이 격변의 시대를 걸어온 과거 영상에 그리움이란 것으로 고향에 공감할 것이다. 누구나 자신만이 담긴 그리움의 영상이 있다. 그러나 시인은 그 그리움을 본향이라는 본질에 호소하고 있다.
　필자는 현태식 시인의 작품해설을 마감하면서 우리

모두 본질에 대한 그리움을 한번쯤 고뇌하는 시간이 되었으면 좋겠다는 간절한 바램을 이곳에 여백으로 남긴다. 그 여백은 독자들의 몫이 될 것이다.

뒤돌아 앉은 산

■
초판 1쇄 인쇄 / 2013년 10월 20일
초판 1쇄 발행 / 2013년 10월 25일

■
지은이 / 현 태 식
펴낸이 / 김 수 관
펴낸곳 / 도서출판 영문
122-070 서울시 은평구 역촌동 10-82
☎ (02) 357-8585
FAX • (02) 382-4411
E-mail • kskym49@daum.net

■
출판등록번호 / 제 03-01016호
출판등록일 / 1997. 7. 24

■
Epipodo
President : Dr. SungChul Baek
2907 N. Cottonwood St #11
Orange, CA 92865. USA.
Tel: (714)998-1128   Cell(714)907-7430
www.epipodo.com
email:usaep@hanmail.net

파본은 교환해 드립니다.
본 출판물은 저작권법으로 보호 받는
저작물이므로 출판사나 저자의 허락없이
무단 전재나 무단 복제를 할 수 없습니다.

정가 10,000원
ISBN 978-89-8487-307-0 03230
Printed in Korea